Zurück zu mir

Zurück zu mir

und darüber hinaus

Niklas Müller

Impressum

Texte:	© Copyright by Niklas Müller
Umschlag:	© Copyright by Jan (Fabrum) Faber
Verlag:	Niklas Müller Nonnstr. 4 53119 Bonn niklas.mueller24@gmx.de
Druck:	epubli - ein Service der neopubli GmbH, Berlin

Inhalt

Lieben 1

Verlieren 25

Suchen 54

Finden 94

Lernen 132

Gedichte sind Momentaufnahmen. Dadurch sind sie für mich wie Tagebucheinträge. So wie jeder Tag verschieden ist, so sind es auch meine Gedichte.

Ich möchte dich mitnehmen auf eine Reise durch meine letzten drei Jahre. Wie ich mich zum ersten Mal verliebte und geliebte Menschen verlor. Wie ich mich auf die Suche nach meiner Sexualität begab und mich selbst gefunden habe. Wie ich mich für vergangene Fehler entschuldigte und lernte mir selbst zu verzeihen.

Ich möchte mich bedanken. Dafür, dass du diese Zeilen liest. Dafür, dass meine Familie und Freunde immer für mich da sind und ich die Worte gefunden habe, meine Geschichte zu Papier zu bringen.

Ich dachte ich wäre auf der Reise zurück zu mir aber meine Füße trugen mich weit darüber hinaus. Deine können es auch.

Niklas

Lieben

Der Anfang unserer Reise

Deine Mundwinkel
Ziehen sich nach oben
Als ich mit meinen Fingern
In meinen Haaren spiele
In deinem Blick dieselbe Unsicherheit
Die ich in meinem Herzen trage.

Stehen wir am Anfang unserer Reise
Oder haben wir das Ende schon erreicht?
Wer geht den ersten Schritt
Und wer weiß
Ob es nicht der eine zu früh ist?

Als wir uns zum Abschied in den Armen liegen
Stehen so viele unausgesprochene Worte zwischen uns.

Doch als ich mich von dir löse
Und ein letztes Mal über die Schulter sehe
Stehst du im Türrahmen
Und schaust mir nach
Als wolltest du sagen
Meine Tür steht dir offen
Du musst nur hindurchgehen.

Goldene Blüte

Ich hatte einen Wunsch
Nur wir zwei zusammen
In der Speicherstadt
Mit dem Tor zur Welt.

Wir lauschten den Sternen
Als sie vom Himmel fielen
Und sahen die Sonne
Über dem Hafen aufgehen.

Es fühlte sich vertraut an
Unsere Sorgen vergessend
Tanzten wir gemeinsam
Im Rhythmus des Lebens.

Ich spürte unsere Freundschaft
In diesen Tagen erblühen
Eine Blüte so zart und golden
Dem dunklen Horizont entgegen.

Silvester

Getaucht in leuchtende Farben

Trafen sich unsere Blicke

Deiner schüchtern

Klares Blau in goldenem Rahmen

Meiner neugierig

Trübes Grau mit pochendem Herzen

Umringt von Glückwünschen

Begann unser kleines Wunder

Das sich die erste Liebe nennt.

Nächte

All die einsamen Nächte zu zweit

verblassen

Wenn ich dich in den Armen halte.

Sternschnuppen

Mit dir an meiner Seite

Muss ich am Nachthimmel

Keine Sternschnuppen suchen

Denn mein Wunsch

Ist bereits in Erfüllung gegangen.

Augenblick

Ich sitze auf dem Rücksitz
Neben mir mein Mädchen
Die eine Zukunft
Die ich nie erwartete
Einen Moment lang
Treffen sich unsere Blicke
Im Rückspiegel
In deinen Augen
Spiegelt sich mein Glück
Ein Augenblick
Der Verbundenheit
Ein Moment
Der ewig bleibt.

Für Taylor Swift

Überwältigt vor Glück
Hielt ich deine Hand
In uns
Fandest du wieder Hoffnung
In Ihm
Den Mann fürs Leben
Eine Sekunde
Spiegelte sich meine Freude
In deinen Augen
Aber ein Leben lang
Wird dein Lächeln
Das meine sein.

Neues Leben

Wie ein weißes Blatt Papier
Kamst du auf diese Welt
Unbeschrieben und rein
Wird jede Begegnung
Ihr Zeichen hinterlassen
Doch die Arme deiner Mutter
Werden für immer
Warm und geborgen
Dein sicherer Hafen
Gegen die Brandung sein.

Familie

Familie ist das Fundament

Auf das ich baue

Stein auf Stein

Traum auf Traum

Erbaue ich ein Schloss

Das sich Leben nennt

Ich vertraue darauf

Es gibt mir Kraft

Denn selbst ein Sturm

Der jeden Stein ins Wanken bringt

Und mit den Träumen weiterzieht

Vermag es nicht zu brechen

Also verweile ich

Bis die Sonne durch die Wolken bricht

Ich atme tief ein

Und setze einen neuen Stein

Auf das Fundament

Das sich Liebe nennt.

Tritte

Du bist wie das Gras

Unter seinen Füßen

Nur ein Tritt genügt

Um dich zu beugen

Aber du brauchst Tage

Um wieder aufzustehen.

Stürme

Wie sich die Bäume

Dem Sturm neigen

So beugst du dich

Seiner Hand.

Wolkenbruch

Als der Himmel über uns aufbricht
Scheint die Welt stillzustehen
Wir stehen nur dort und schauen zu
Sind zwei verlorene Seelen
Auf der Suche nach dem Glück.

Als wir uns dem Wolkenbruch stellen
Fließen unsere Ängste davon
Und lassen einzig den Moment zurück.

Noch heute sehe ich dich vor mir
Wie du langsam auf mich zukommst
Und deine Hand auf meine Wange legst
Spüre deinen unsicheren Blick
Und deine Lippen auf den meinen.

Wir hatten nichts außer uns
Und damit unser Glück gefunden.

Höhenflüge

Ich bin auf dem Weg zurück zu dir
Über den Wolken erinnere ich mich
An unsere letzte gemeinsame Zeit
Wie wir uns gegenseitig stützten
Du mir neuen Aufschwung gabst
Nun möchte ich dich hochheben
Dir die Flügel anlegen und zusehen
Wie du zu den Höhenflügen ansetzt
Zu denen du immer im Stande warst
Dich aber nie getraut hast zu wagen.

Federn

Es ist noch dunkel als ich dich spüre
Wie Federn kreisen deine Finger
Über meinen Körper
Wie unsichtbare Spuren
Hinterlassen auf meiner Seele.

Als ich meine Augen öffne
Bin ich geblendet
Von dem Glanz
In deinen Augen
Sie halten mich in ihrem Bann
Während du langsam
immer näher kommst.

Als deine Lippen die meinen berühren
Möchte ich mich nicht mehr wehren
Und mit einem Mal
Gehöre ich nur dir.

Fashion Week Crush

Wie die französische Sonne
Auf deine Sommersprossen scheint
Lässt in mir den Wunsch aufkommen
Jede einzelne von ihnen zu zählen.

Die Scheinwerfer tauchen deine Haare
In goldene Flammen
Ohne, dass du dich von ihnen
Blenden lässt.

Mehr als einmal
Richtest du deine Kamera auf mich.
Ob sie den Glanz in meinen Augen
Einfangen kann?

Du bist nun so weit entfernt
Aber mir doch so nah
Da ich in unserer Begegnung
Einen Funken Liebe sah.

Freundschaft

Freundschaft ist wie eine Blume
Wenn man sie hegt und pflegt
Überstrahlt sie das Dickicht des Lebens
Und taucht es in grelle Farben.

Wirbelsturm

Du warst wie ein Wirbelsturm

Beängstigend und doch wunderschön

Hing dein Schatten über mir

Und als du weitergezogen bist

War nichts mehr wie zuvor.

Sexualität

Ich sah es in deinen Augen
Du dachtest nach
Soll ich oder lieber nicht?
Als du zögernd sprachst
Kannte ich die Frage
Du ahntest die Antwort
Ich mag beides
Hättest du damit gerechnet?

Ich weiß es nicht

Ich frage mich
Warum du es bist
Auf den ich mein Auge warf?
Ist es deine starke Brust
An die ich mich schmiegen kann
Oder die beiläufige Selbstverständlichkeit
Mit der du im Kino
Meine Hand nahmst?

Ich weiß nicht
Warum du es bist
Auf den ich mein Auge warf
Aber ich weiß
Dass ich es nicht wissen muss.

Sonne

Du wähltest die Sonne
Als Zeichen
Unserer Freundschaft.

Aber am Ende
Kreiste mein ganzes Leben
Doch einzig um die Sonne.

Gerüchte

Du hast sie bestimmt gehört
Die Gerüchte über den schwulen Jungen
Der das hübsche Mädchen liebte
Nur um seine wahren Gefühle zu verbergen.

Aber hast du ihm je selbst zugehört
Als er beschrieb
Wie richtig es sich anfühlte
Sie in den Armen zu halten?

Ewiges Feuer

Du warst die Sonne
Um die sich mein Leben drehte
Dein strahlendes Lächeln
Spendete mir Wärme in der Finsternis
Ich fürchtete schon zu verbrennen
Sollte ich dir zu nahekommen
Und zu erfrieren
Falls unsere Freundschaft verglüht
Geblendet von der Gegenwart
Zog ich weiter meine Kreise
Allmählich vergessend
Dass keine Flamme
Für immer währt.

Verlieren

Zu spät

Ich habe dich heute besucht.

Habe die Wörter gedacht
Die ich dir früher hätte sagen sollen.

Habe die Blumen gebracht
Die ich dir eher hätte geben wollen.

Doch anstelle sie dir in die Hand zu geben
Habe ich sie auf dein Grab gelegt.

Trauer

Als du sie begleitet hast
Wollte ich an deiner Seite stehen
Um dieser wunderbaren Person
Die letzte Ehre zu erweisen.

Ich war vorbereitet auf die Trauer
Die ich zu erwarten hatte
Als du aber in der Tür erschienst
Traf sie mich mit voller Wucht.

Ich spürte Tränen hervorkommen
Die ich nie zu vergießen vermochte
Als die meinen von mir gingen.

Deine Trauer hat die Pforte geöffnet
Hinter der ich die meine verschlossen hielt.

Depressive Stimmungen

Als ich die Augen aufschlage
Ist sie wieder da
Diese Leere.

Ich fülle sie mit Gedanken
Einem Strudel
Aus Sorgen der Zukunft
Und Schatten der Vergangenheit.

Er reißt mich mit sich
Lässt mich nicht mehr los.

Also lasse ich mich treiben
Mit der Hoffnung
Dass er versiegt
Bis ich die Augen schließe.

Falscher Zeitpunkt

Ich habe mich vor dir ausgezogen
Schicht für Schicht
Die Kleider abgenommen
Die meine innersten Gefühle verbargen.

Den falschen Zeitpunkt gewählt
War die Zeit doch gekommen
Um dir zu schreiben
Was ich empfinde.

Es scheint ein Verbrechen
Eine Grenze überschritten
Weil mich dein Schweigen
Mit Unwissen straft.

Ich habe mich vor dir ausgezogen
Tag für Tag
Die Antwort erwartend
Die meine ehrlichen Worte verdienen.

Luftschlösser

Unsere Freundschaft baute auf Vertrauen
Einer Liebe so ähnlich der einer Schwester
Dass die Grenzen verschwammen
Und mich nachdenklich zurückließen.

Ich errichtete Luftschlösser
Erzählte Geschichten
In denen ich die Grenze übertrat
Ohne eine Grenze zu übertreten.

Ganz in weiß gekleidet
Ging ich den ersten Schritt
Um meine Gedanken
In Stein zu meißeln.

Keine Fanfare hieß mich willkommen
Keine Kanone beendete den Frieden
Und in der Stille beobachtete ich
Wie mein Schloss zu Staub zerfiel.

Damals

Ich fahre an deinem Fenster vorbei

In der Hoffnung

Es ist geöffnet

Meine Erinnerungen sind bei dir

Wir tanzen auf dem Küchenboden

Unbeschwert

Im Takt der Musik

Leere Weingläser auf dem Tisch

Mit vollem Herzen in der Brust

Sucht mein Blick den deinen

Ich habe es damals gespürt

Diese unbekümmerte Verbundenheit

Heute bin ich erneut vorbeigefahren

Mein Blick senkt sich

Mit schwerer Brust

Fahre ich weiter

Denn dein Fenster

Bleibt geschlossen.

Die Zuhörerin

Ich möchte dir von mir erzählen
Von meinen Ängsten und Träumen
Den guten und schlechten Momenten
Von meiner jugendlichen Torheit
Und der Suche nach der Liebe
Von guten Vorsätzen an mich
Und meinen Gefühlen für dich
Aber es scheint zu spät
Hätte ich es dir früher erzählt
Würdest du mir vielleicht noch zuhören.

Mein Ventil

Du bist mein Ventil gewesen
Einfach loslassen
Den Alltag vergessen
Sich im Gespräch verlieren
Jetzt stauen sich die Gefühle
Und ich frage mich
Wie lange ich dem Druck
Noch standhalten kann?

Konzerte

Als sie damals zu erzählen begann
Sang sie von wachsamen Blicken
Der Suche nach der Liebe
Und einem Land voller Wunder
Das sich in dem Moment
Vor meinen Augen erstreckte
In dem ich zu dir herüber sah.

Es fühlte sich an wie ein Traum
Mein großes Vorbild vor mir
Meine beste Freundin neben mir
Ein perfekter Tag unter vielen
Die wir miteinander teilten.

Als sie dieses Jahr zu erzählen begann
Sang sie von längst vergessenen Dramen
Ihren immer wiederkehrenden Fehlern
Und der Liebe ihres Lebens.

Es fühlte sich befreiend an
Und für eine Weile vergaß ich
Dass es nicht mehr du warst
Mit der ich diesen Moment teilte.

Sie hatte ihr Land der Wunder gefunden
Aber wir uns dabei verloren.

Freundschaft (2)

Freundschaft ist wie eine Blume

Lässt man sie im Regen stehen

Wird sie eins mit der kalten Erde

Und lässt nichts als Staub zurück.

Unser Café

Der Regen tönt leise auf dem Asphalt
Während ich auf deine Ankunft warte
Dein breites Lächeln auf ihm gespiegelt
Wie ein Fenster in die Vergangenheit.

Als wir das kleine Café betreten
Nehme ich den vertrauten Geruch wahr
Er steht für Freundschaft und Vertrauen
Mein Versprechen an die Ewigkeit.

Wir verlieren uns stundenlang
In Gesprächen über dich und mich
Ich lächle als wir uns verabschieden
Und denke schon an unser Wiedersehen.

In Gedanken betrete ich das kleine Café
Ich nehme den vertrauten Geruch war
Es ist fast wie in den letzten Jahren mit dir
Doch ich habe nur einen Kaffee bestellt.

Reputation

Wenn die Gerüchte

Zu deiner Realität werden

Fühlt es sich so an

Als wären ihre Worte

Über dein ganzes Gesicht geschrieben.

Gebrochene Herzen

Ein blondes Mädchen brach es als erste
So unschuldig in ihren jungen Jahren
Konnte sie dem Gerücht nicht standhalten
Das unsere Liebe in Frage stellte.

Ein junger Mann brach es als nächster
Selbst noch gezeichnet von der Liebe
Half ich ihm sein Leben zusammenzusetzen
In dem ich selbst keinen Platz zu haben schien.

Als du aber mein Herz gebrochen hast
Die goldene Frau, die gefallene Konstante
Hast du den einen Teil mitgenommen
Der noch fähig war zu lieben
Der andere sehnt sich nach der Liebe
Die er selbst nicht mehr vermag zu geben.

Fußspuren

Wie unsere Fußspuren
Im Sand der Zeit
Hat uns der Sturm
Davon getrieben
Ich dachte sie würden
Uns weiterführen.

Abgekommen

Du bist von der Umlaufbahn abgekommen
Hast die helfende Hand zurückgewiesen
Die ich dir gedachte entgegen zu strecken
Doch deine Gravitation zog mich mit sich
Ließ mich dir bis in die Dunkelheit folgen
Aber du hast dich schneller lösen können
Als ich zurück auf meine Spur finden konnte
Wahrscheinlich dauert es noch eine Weile
Bis du weit genug weg bist von mir
Dann kann ich dir von Weitem zusehen
Wie du den Halt findest
Den ich dir nicht vermochte zu geben.

Postkarten

Es gab Zeiten
In denen du mir
Postkarten schriebst
Und ich ein Gefährte
Deiner Schritte war.

Es gab Nächte
In denen ich dir
Um Mitternacht gratulierte
Und ich ein Teil
Deines Glücks war.

Es gab Momente
In denen wir uns
Unsere Erfolge erzählten
Und ich ein Vertrauter
Deiner Sorgen war.

Es gibt Tage
An denen ich mich
Nach dir umsehe
Und ich ein Teil
Deiner Vergangenheit bin.

Selbstverständlich

Die Abende zu zweit

An denen wir die Zeit vergaßen

Ich dich spät in der Nacht

Zu deiner Tür brachte

Wir den Moment hinauszögerten

Gute Nacht zu sagen

Hätten niemals

Selbstverständlich sein dürfen

Denn sie sind heute

Die kostbarsten Erinnerungen

Und das Einzige

Das mir von dir bleibt.

Leere Plätze

Ich sitze allein im Zug
Schaue hinaus in die Nacht
Ohne irgendetwas zu sehen
Als das Spiegelbild
Des leeren Platzes neben mir.

Meine Gedanken schweifen ab
Erinnern sich an die letzte Nacht
Als du in der Dunkelheit
Meine Nähe suchtest.

Du dachtest du hättest damit
Unsere Freundschaft gefährdet
Doch hast sie in Frage gestellt
Als du mit ihm nach Hause gingst.

Keine Reue

Wir standen am Rand
Als die Sonne aufging
Ein Moment Frieden
Die Ruhe vor dem Sturm.

Wir kamen uns näher
Als die Sonne unterging
Ein Moment der Schwäche
Der Anfang vom Ende.

Ich höre mein Lieblingslied
Als du seine Lippen berührst
Ein Moment zum vergessen
Die Hymne der Gutgläubigen.

Ich sehe euch nach
Als die Nacht endet
Ein Moment der Erkenntnis
Das Ende der Illusion.

Ich erwarte nichts mehr
Als du zurückkommst
Ein Moment der Reue
Wäre genug gewesen.

Worte aus Gold

Du hast meine Hand gehalten
Etwas zum Leben erweckt
Das ich als verloren glaubte
Mit Worten aus Gold
Hast du zum Pochen gebracht
Was ich dachte
Sei zerbrochen
Und in dem Moment
Als ich dir nachgab
Hast du mich fallen gelassen.

Körbe

Ich habe einen Korb gekriegt
Du hast ihn mir einfach überreicht
Nicht mit hübschen Worten geschmückt
Sondern mit reinem Wein bestückt.

Vielleicht wäre es einfacher gewesen
Du hättest ihn mir um die Ohren geschlagen?

So stelle ich deinen Korb
Zu den anderen ins Regal
Unschlüssig ob ich ihn
Auf dem höchsten Brett feiern
Oder auf dem untersten vergraben soll.

Rote Linie

Ich gehe an dem Restaurant vorbei
In dem wir uns eine Woche zuvor
Noch gegenüber saßen.

Es war unser drittes Date
Aber das erste Mal
Dass ich dich mit anderen Augen sah.

Du hast den richtigen Schlüssel
In deiner Hand gehalten
Um mein Schloss zu knacken.

Doch, als du mein Herz öffnetest
Hast du dich nicht getraut
Das deine hineinzulegen.

Haben wir über diejenigen gesprochen
Die sich nicht mehr melden
Nur damit du es ihnen gleichtust?

Weißt du wie es sich anfühlt
Über mehrere Ecken
Zu erfahren warum?

Meine beste Freundin sagt
Ich solle dich vergessen
Vielleicht fällt es mir dieses Mal leichter?

Denn am Ende bist du nichts weiter
Als eine weitere rote Linie
Auf einer langen Liste von Enttäuschungen!

Freunde bleiben

Du sagst

Du hättest jemanden kennengelernt

Ich frage mich

Warum wir dann hier sitzen

Und darüber reden

Als hätte es ein Uns

Nie gegeben.

Herzensbrecher

Wir brechen die Herzen derer
Die ihr eigenes in unsere Hände legen
Und suchen die Hände derer
Die unser eigenes zum Pochen bringen
So kehren wir jenen den Rücken
Die den Unseren stärken
Und laufen jenen hinterher
Die für uns unerreichbar sind.

Suchen

Blumenwiese

Ich stehe in einem Meer aus Farben

Jede Blume steht für einen von euch

Meine Freunde

Meine Weggefährten.

Ich suche eine zart goldene

Aber kann sie nicht mehr finden

Ich scheine sie verloren zu haben

Oder versteckt sie sich nur vor mir?

Fragen

Was bin ich eigentlich für dich?

Bin ich in einsamen Zeiten
Deine starke Schulter
Die du mir in den guten verwehrst?

Bin ich dein Fels in der Brandung
Gegen die ich mich selbst
Versuche zu sträuben?

Bin ich deine Insel
In einem Ozean
Den ich selbst
Nie gelernt habe
zu bereisen?

Bin ich das Ziel deiner Reise
Oder doch nur
Der Weg dorthin?

Ich weiß nicht
Was ich für dich bin
Aber ich frage mich
Ob du dich fragst
Was du für mich bist?

Schuldgefühle

Manchmal wünschte ich mir
Ich könnte die Worte zurücknehmen
Die ich dir in einem Moment schrieb
In dem ich mich verlassen fühlte
Doch hätten sie ihn wirklich verhindert
Den stetigen Zerfall unserer Freundschaft
Wann hast du tatsächlich angefangen
Dich von mir abzuwenden?

Déjà-vu

Der Regen prasselt auf die Straße
Als wir aus dem Kino kommen
Unser Spiegelbild auf ihr gespiegelt
Wie ein Déjà-vu in meinem Kopf.

Es ist fast wie vor einem Jahr
Als du in der Dunkelheit
Nach meiner Hand suchtest
Und ich ihren Druck erwiderte.

Doch als sich deine Lippen
Auf die meinen legen
Wünschte ich mir der Regen
Würde die Erinnerung davon spülen.

Wie gerne würde ich von vorne anfangen
Den Zeitpunkt vergessen lassen
Als du mich im Regen stehen ließt
Um jemand anderen zu lieben.

Falsche Priorität

Wann höre ich endlich auf

Mein Herz zu brechen

Um das deine zu heilen?

Der Bettwärmer

Ich bin der gute Zuhörer

Der Bettwärmer für einsame Nächte

Vielleicht sollte ich in Stunden abrechnen

Denn bisher habe immer ich allein

Den Preis dafür gezahlt.

Modelmaße

Ich schaute in den Spiegel
Die Knochen abgezeichnet
Unter der blassen Haut
Ich konnte sie nicht sehen
Nur die Makel eines Körpers
Umgeben von einer Welt
Die sich in Perfektion kleidet
Um ihre Einsamkeit zu verbergen
Ich war dünn aber nie dünn genug
Ein Körper so zerbrechlich
Wie der Wunsch nach Anerkennung
Der ihn erst hervorbrachte.

Bodyshaming

Wenn du in den Spiegel schaust

Siehst du dann dich selbst

Oder die Worte anderer

Wie sie deinen Körper formen?

Falscher Zeitpunkt (2)

Ich sehe Licht in deinem Fenster
Einen Schritt, einmal Klingeln
Und ich könnte mit dir sprechen.

Meine Hand schon ausgestreckt
Zögere ich für einen Moment
Bevor ich weitergehe.

Nach Wochen der Stille
Ist meine Stimme zu schwach.

Ich möchte nicht erneut riskieren
Den falschen Zeitpunkt zu wählen.

Sehnsucht

Es hieß es würde besser werden
Mit der Zeit schließe sich die Lücke
Die du in meinem Leben hinterlassen hast.

Aber mit jedem Tag ohne dich
Schwinden unsere gemeinsamen Momente
Und lassen einzig die Sehnsucht zurück.

Albträume

Dein Echo

Hallt in meinen Träumen wider

Nacht für Nacht

Sehe ich dich vor mir

Ich sollte dich entschweben lassen

Aber wie kann ich es schaffen

Wenn die schönen Momente mit dir

In meiner Erinnerung eingewebt sind

Wie der Schmerz in meinem Herzen?

Instagram

Wenn dein Bild erscheint
Klammere ich mich
An die Ausschnitte deines Lebens
Die du mit deinen Freunden teilst.

Wenn mein Bild erscheint
Erinnere ich mich
An die Zeiten meines Lebens
In denen es dir noch gefiel.

Wenn dein Bild erscheint
Freue ich mich
Dich glücklich zu sehen
Du bist es ohne mich.

Wenn mein Bild erscheint
Frage ich mich
Ob du es sehen möchtest
Oder die Augen verschließt?

Vergoldete Stille

Die Worte die du nicht sagst
Sind die schlimmsten
Das Verschwiegene steht zwischen uns
Eine Mauer gegossen aus schlechtem Gewissen
Man sagt Reden ist Silber und Schweigen ist Gold
Aber deine vergoldete Stille
Hallt in meinen Träumen wider
Tag und Nacht liegt ihr Gewicht auf mir
Und nimmt mir die Luft zum Atmen.

Zurück zu mir

Du sitzt mit denen beisammen
Die du noch in dein Leben lässt
Ich sitze alleine zu Hause
Mich aufs Neue fragend
Warum ich nicht mehr dazu gehöre?

Allmählich bist du sie mir schuldig
Die Antwort auf meine Frage
Ich bin mir nicht mehr sicher
Ob sie die Wogen glätten kann.

Zu viele Nächte
Lag ich wach
Zu viele Tage
Habe ich gewartet
Aber sie könnte mir
Den Weg ebnen
Fort von dir
Aber zurück zu mir.

Der goldene Käfig

Ich verschloss meine Enttäuschung
In einem goldenen Käfig
Gefertigt aus schlechtem Gewissen.

Den Schlüssel in der Hand
Sehe ich ihr zu
Wie sie ihre Kreise dreht.

Allmählich frage ich mich
Vielleicht sollte ich sie freilassen
Um mich selbst zu befreien?

Abschied

Allmählich spüre ich die Wut
Bis jetzt im Zaum gehalten
Kommt sie langsam empor
Um ihre Ketten abzuwerfen.

Mein schlechtes Gewissen
Hatte sie in Schach gehalten
Meine offenen Worte
Haben sie gebührend verdient.

Ich wollte sie nie zulassen
Ist sie doch ungerecht
Einem Menschen gegenüber
Den ich eigentliche liebe.

Aber ich muss sie spüren
Nicht um dich zu bestrafen
Sondern um mich von dir
Verabschieden zu können.

Der Epilog unserer Geschichte

Mein Verstand hat abgeschlossen
Sieht in den letzten Monaten
Den Epilog unserer Geschichte
Doch mein Herz
Zündet ein Feuerwerk
Sobald ich daran denke
Dich zu treffen
Was passiert
Wenn wir uns wiedersehen?
Gewinnt die Stimme
In meinem Kopf
Oder das Feuer
In meiner Brust?

Loslassen

Loszulassen

Ist der größte Schritt.

Denn es bedeutet

Den Spiegel zu zerschlagen

In dem ich unsere Zukunft sah.

Denn ist er einmal zerbrochen

Verliert unsere Beziehung

Für immer seine Perspektive.

Zukünftige Vergangenheit

Als du mich getroffen hast
Stand ich vor den Scherben
Die deine Vorgänger hinterließen.

Ich sehe unser Spiegelbild
Eine gemeinsame Zukunft
Oder eine zukünftige Vergangenheit?

Es beginnt erneut
Wirst du mein Retter sein
Oder der nächste Bruch?

Starke Schulter

Verunsichert liege ich
In deinen starken Armen
Meine Lippen formen
Eine leise Entschuldigung.

Mein Körper wirft mir Fragen auf
Ich möchte ihn verstehen
Um dir die Liebe zu geben
Die du verdienst.

Mit schlechtem Gewissen
Denke ich an den Moment zurück
Als sich kurz alles fügte
Und ich die starke Schulter war.

Wie soll ich die Liebe verstehen
Ihre unergründliche Tiefe spüren
Wenn mein Körper und Geist
Verschiedene Sprachen sprechen?

ONS

Mal wieder liege ich schon im Bett
Als du mir schreibst
Du fragst ob ich vorbeikommen möchte?

Ich frage mich
Wo das enden soll?

Wir beide wissen
Wohin es führt
Und ich weiß
Es sind nicht nur die Nächte
Die ich mit dir teilen möchte
Sondern auch den Sonnenaufgang.

Leuchtturm

Mein Herz war gebrochen
Als du mich zum ersten Mal
In den Armen hieltest.

Stück für Stück
Hast du zusammengesetzt
Was meine erste große Liebe
Von mir zurückließ.

Du solltest mein Leuchtturm sein
Der mich nach Jahren
Auf hoher See
Wieder zurück
Nach Hause führte.

Spiel des Lebens

Sie sind die Gegner
Warten auf deinen nächsten Zug
Ohne dein Blatt zu kennen.

Du bist der Spieler
Hast die richtigen Karten auf der Hand
Weißt sie aber nicht zu spielen.

Ich bin dein Joker
Schenke dir die Zeit die du brauchst
Um das Blatt zu wenden.

Wer ist deine Herzdame
Die an deiner Seite steht
Wenn du die letzte Karte spielst?

Zu beiden Ufern

Ich bin zu beiden Ufern gefahren
Um einen sicheren Hafen zu finden
Als ich die Segel nach rechts setzte
Habe ich sie in den Armen gehalten
Als der Sturm ihre Richtung änderte
Habe ich die starke Schulter gesucht
Nun treibe ich allein auf hoher See
Verlasse mich auf den Lauf der Zeit
Und wundere mich an wessen Hafen
Mich der Strom des Lebens bringt.

Geschunden

Ich bekomme dich nicht aus dem Kopf
Die Art und Weise
Wie mich deine Lippen empfangen
Du mich gegen die Wand drückst
Und deine Hände unter mein Shirt wandern
Als hätten sie nie etwas mehr begehrt
Als den geschundenen Körper unter ihnen.

Denke ich an dich, weil du mich berührst
Oder mich so lange niemand mehr berührte?

Würden deine Hände
Auch auf Wanderschaft gehen
Wenn du bemerkst
Dass es nicht allein mein Körper ist
Der geschunden wurde?

Stereotypen

Wie soll ich mich selbst finden
Wenn ihr mir vorschreibt
Wo ich zu suchen habe?
Wie soll ich lernen zu lieben
Wenn ihr mich lehrt
Wen ich zu lieben habe?

Ihr seid nur ein Mittel
Eine Art und Weise
Die allgemeine Gewöhnlichkeit zu rechtfertigen
Dennoch seid ihr tief verwurzelt
In den Köpfen
Und in der Geschichte
Einer ganzen Gesellschaft.

Wie soll ich mich von euch lösen
Wenn ich einzig durch euch
Wahrgenommen werde?

2018

Unwissend stieg ich in die Achterbahn
Die mich durch dieses Jahr führte.

Sie ließ mich so oft wie nie zuvor
Das grelle Rampenlicht genießen
Doch als der Applaus erstarb
Tat es ihm mein Lächeln gleich.

Ich habe trauern müssen
Um die Freunde
Die gehen mussten
Und die Freunde
Die zurückkommen könnten.

Ich habe fremde Türen geschlossen
Und meine eigene
Zu lange offengehalten.

Ich habe lieben dürfen
Den jungen Mann
Der mich gehen ließ
Und den kleinen
Der uns lehrte
Dass jedes Ende
Auch einen Neuanfang bedeutet.

Dennoch bin ich dankbar der Erfahrung
Und der Freunde
Die meine Hand hielten
Als mein Leben auf dem Kopf stand.

Gestärkt steige ich aus der Achterbahn
Sie hat mich zu mir selbst geführt.

Trust Issues

In ihrem Lächeln
Sehe ich das deine.

In ihrem Blick
Spiegelt sich der meine.

Wenn sie mich berührt
Ist es ihr großes Herz
Das das meine verschließt.

Denn als ich es dir
Das letzte Mal öffnete
Kamst du nie mehr
Zu mir zurück

Erwachen

Wenn sich Dunkelheit
Über deine Seele legt
Und du denkst
Dass das Leid nie vergeht
Bedenke selbst die schwärzeste Nacht
Endet wenn der erste Sonnenstrahl erwacht.

Zweite Chance?

Wir hatten zusammen
Aus dem Fenster geschaut
Als du mir am Horizont
Den Sonnenaufgang zeigtest.

Ich konnte den Blick
Nicht davon abwenden
Als du allmählich
Deine Hand senktest.

Du hattest deinen Schatten
Auf mich geworfen
Als du aufstandst
Um das Fenster zu schließen.

Ich blieb allein
Im Dunkeln zurück
Als du verloren gingst
Um dich selbst zu finden.

Du suchtest letztes Jahr
Nach den Antworten
Als ich von allein aufstand
Um das Fenster zu öffnen

Wir stehen uns erneut
Im Frühjahr gegenüber
Als ich mich frage
Ob dies unsere zweite Chance ist?

Aussprache

Als wir uns wiedersahen
Glänzte Unsicherheit
In deinen Augen.

Du fragtest dich
Ob ich es bereue?
Ich fragte mich
Ob du mir verzeihst?

Die Vergangenheit im Nacken
Sprachen wir über unsere Zukunft.
Wie kann es weitergehen?
Nur indem wir lernen
Nicht zurückzusehen.

Doch als ich dich zum Abschied
In meine Arme nahm
Habe ich mich nie weniger
Mit dir verbunden gefühlt.

Ein letztes Mal

Ein letztes Mal
Schwinge ich den Stift für dich
Ein letztes Mal
Schreibe ich meine Sehnsucht nieder.

Ich weiß nicht was du denkst
Aber denke es zu wissen
Doch der Nebel der Gedanken
Sollte nicht mein Leben trüben.

Dein Fenster bleibt geschlossen
Aber meine Tür steht dir offen
Du musst nur hindurchgehen
Um einen Freund zu finden.

Die Vergangenheit hinter mir
Lege ich den Stift nieder
Während tief im Osten
Ein neuer Tag beginnt.

Trust Issues (2)

Ich habe verlernt zu vertrauen
Sehe in deiner fehlenden Antwort
Nicht die Zeit mit deinen Eltern
Sondern dich in den Armen eines anderen.

Ich habe verlernt zu warten
Sehe in jedem weiteren Tag
Nicht die Chance dich besser kennenzulernen
Sondern wieder zu verlieren.

Ich habe verlernt zu fühlen
Sehe in jedem deiner Blicke
Nicht den Funken junger Liebe
Sondern das Inferno alter Fehler.

Ich muss lernen zu vergessen
Sehe in jeder neuen Liebe
Nicht die Quelle zukünftigen Glücks
Sondern die Verflossenen vergangener Tage.

Ich muss lernen zu vertrauen
Mein Herz nicht als Festung
Sondern als eine Eiche zu sehen
Deren Äste
Es einen nach dem anderen
Zu erklimmen gilt.

Kein Schritt zurück

Mit offenen Armen

Sehe ich zu dir zurück

Ich werde warten

Bis du mir deine Hand reichst

Denn ich weiß

Gehe ich den ersten Schritt

Ist es einer zurück.

Zuerst zu mir

Mein Herz ist leer
Der Liebe beraubt
Mit derer es jedes Mal
Aufs Neue heilen sollte.

Mein Kopf ist schwer
Der Wörter müde
Mit denen ich jeden Fehler
Aufs Neue begangen hatte.

Doch ich habe gelernt
Bevor ich jemanden suche
Sollte ich zuerst
Zu mir selbst finden.

Finden

Für Yvonne

Eines Tages warst du einfach da
Dein Lachen erfüllte mein Leben
Deine Geschichten meine Zeit
Du warst mir eine Inspiration
Nie aufgeben immer kämpfen
Wir teilten unsere Sorgen
Du selbstgebackenen Kuchen
Mit deinem treuen Begleiter
Gingst du durch diese Welt
Ohne ihn hast du sie verlassen
Dennoch blicke ich nach vorn
Dein Lachen im Ohr
Deinen Mut im Herzen
Denn auch wenn du gegangen bist
Lebt ein Teil von dir
Auf immer in mir.

Fronten

Wir haben die Fronten geklärt

Aber nicht vergessen

Dass sie einst

Überschritten wurden.

Unsere Reise

Wir haben uns zusammen
Auf den Weg gemacht
Um unsere Träume
Zu verwirklichen.

Das Ziel vor Augen
Gab ich dir meine Hand
Als du am Boden warst.

Doch das Schicksal
Warf dich wieder und wieder
Auf den Boden zurück.

Bis es nicht mehr
Die meine war
Die du entgegennahmst.

So wurde das Ende unserer Reise
Zum Beginn der meinen.

Zu neuen Ufern

Etwas zwischen uns ist zerbrochen
Hat den Damm der Hoffnung gebrochen
Der mich an vergangene Tage band.

Die tosende Flut hat dich mitgerissen
Weit weg von mir bis auf die offene See
Ich glaube du wirst nicht zurückkommen
Dich zu neuen Ufern aufmachen.

Ich hoffe du erinnerst dich an die Zeit
Als wir gemeinsam an der Küste standen
Um in den Sternen unsere Zukunft zu lesen.

Ich hoffe du schaust manchmal zurück
Erinnerst dich an den Mann am Strand
Der endlich die Hand sinken lässt
Um der hohen See den Rücken zu kehren.

Schwelle zum Paradies

Deine Lippen sind die Schwelle zum Paradies
Sie führen mich höher und höher
Bis wir die Wolken hinter uns lassen
Und nur noch Sterne sehen.

Als ich mich schließlich fallen lasse
Nimmst du mich bei der Hand
Und fängst mich wieder auf.

Deine Arme fest um mich gelegt
Verliere ich mich im Rausch der Gefühle
Doch finde endlich zu mir zurück.

Inspiration

Manche Menschen
Sind der Nährboden meiner Inspiration
Ihre Worte sind mein Wasser
Ihre Erfolge meine Sonne
So wachse ich über mich hinaus
Richte meine Zweige
Richtung Sonne aus
Und schaue von oben zu
Wie meine Blätter zu Boden fallen
Und ein neuer Kreislauf beginnt.

Schatzkammer

Mein Körper ist eine Schatzkammer
Mit jedem fremden Menschen
Den ich hineinließ
Wurde ein Teil meiner Unschuld gestohlen
Je mehr ich verlor
Desto tiefer vergrub ich meine Schätze
Und als ich den größten vergab
Kämpfte ich ihn mir mühsam zurück
Denn ich weiß
Dass die wahre Liebe
Nicht versucht mein Herz zu stehlen
Sondern das Ihre hineinzulegen.

Nächstes Kapitel

Lächelnd betrete ich den Raum
Blicke schweifen über mich
Mein Lächeln erstirbt
Ich spüre den Spott
Bevor er ihre Lippen verlässt
Sie kennen mich nicht
Aber denken es zu tun
Ich bin bereits vorgezeichnet
Durch die Worte Anderer
Dennoch recke ich den Kopf
Und gehe auf sie zu
Um das nächste Kapitel
Selbst zu schreiben.

Stimmen

Die Stimmen der Anderen wurden so laut
Dass ich meine eigene nicht mehr hören konnte
Also begann ich zu schreien
Um ihr Echo zu übertönen
Wenn ich nur lauter spräche
Könnte ich mich sagen hören
Dass mich nicht die Worte anderer definieren
Sondern meine eigenen Taten.

Doch ihre Stimmen werden niemals verstummen
Ich muss lernen sie auszublenden
Mich auf mich selbst zu konzentrieren
Um mich letztlich sagen zu hören
Dass ein Echo
Nicht der Gegenwart entspringt
Sondern der Vergangenheit.

Es ist Zeit

Ich spüre es ist Zeit
Die Segel zu streichen
Den Ort zu verlassen
Der mein zu Hause war
Zu viel in dieser Stadt
Erinnert mich an dich
Zu wenig von dir
Hält mich noch hier
Du warst der Grund
Warum ich blieb
Du bist der Schmerz
Der mich gehen lässt
Nun blicke ich zurück
Auf die Zeit mit dir
Die ich für immer
In Erinnerung behalte
Während ich schnellen Schrittes
Ohne dich weiterziehe.

Zurück zu mir (2)

Du trinkst mit denen
Die du bei dir hältst
Ich liege allein im Bett
Warte auf den Schmerz
Der mich im letzten Jahr
Bis in den Schlaf verfolgte
Doch zum ersten Mal
Spüre ich etwas anderes
Kein schlechtes Gewissen
Keine versteckte Wut
Sondern eine innere Ruhe
Und die Gewissheit
Dass du mehr verloren hast
Als ich je zu verlieren hatte.

Frieden

Ich schließe die Augen
Höre die Wellen brechen
Wie mein Wille an dir.

Ich schaue nach oben
Spüre die Sonne auf meiner Haut
Wie dein Lachen in meinen Ohren.

Ich atme tief ein
Rieche das Salz in der Luft
Wie deine Worte in meiner Wunde.

Ich blicke auf
Sehe die Möwen über mir kreisen
Wie meine Gedanken um dich.

Ich schaue neben mich
Sehe eine neue Gestalt
Wie einst du an meiner Seite.

Ich schaue zurück
Spüre den Frieden
Und lasse dich ziehen.

Neue Freunde

Ich bin in Gedanken
Als ich das Café betrete
Gehe zielstrebig
Dem freien Platz entgegen
Als mich deine Stimme
Aus meinen Gedanken reißt
Und mein Herz
Zu pochen beginnt
Dein Lächeln ist ehrlich
Keine Spur Vergangenheit
Kein Hauch von Bitterkeit
Ich schließe dich zur Begrüßung
In meine Arme
Gebe deiner Begleitung die Hand
Als die meine das Café betritt
Ich zwinge mich
Nicht zu dir zu sehen
Als meine Freundin
Das Gespräch beginnt

Aber erwische mich dabei
Daran zu denken
Das bis vor kurzem
Ich es war
Der dir gegenüber saß
Als du das Café verlässt
Und zum Abschied
Deine Stimme hebst
Vernehme ich
Eine Spur Beklommenheit
Ein Hauch von Gewissheit
Es scheint so
Als werden wir uns
Nur noch zufällig sehen
Wenn wir mit neuen Freunden
Ins Café gehen.

Sonne, Mond und Sterne

Ich war wie der Mond
Der sich um die Sonne dreht
War geblendet von deinem Glanz
Genoss deine Wärme auf meiner Haut.

Du hast meinen Weg erleuchtet
Mich näher und näher zu dir geführt
Bis du dich von mir ab wandest
Und ich die Orientierung verlor.

Nun muss ich lernen
Meinen eigenen Weg zu finden
Den Blick abzuwenden
Und wie ein Stern
Von innen heraus zu strahlen.

Dein doppelter Boden

Sich an deine Schulter zu lehnen
Ist wie über den Abgrund zu sehen
Ich muss mich fallen lassen
Um die Schmetterlinge zu spüren.

Ich habe das Rettungsseil gehalten
Als du selbst in die Tiefe sprangst
Bis ich mir die Hände verbrannte
Und du wieder auf dem Boden standst.

Ich möchte nicht mehr nur
Dein doppelter Boden sein!

Wenn du mich willst
Dann lass uns gemeinsam fallen
Bis wir die Schmetterlinge verlieren
Oder sie uns letzten Endes
Zurück nach Hause führen.

Bis in alle Ewigkeit

Diese nächtlichen Spaziergänge
Im Licht der Straßenlaternen
Erinnern mich an die Nächte
In denen ich dich nach Hause brachte.

Ich habe nie deine Hand gehalten
Aber dir immer den Rücken gestärkt
Doch mich irgendwann gefragt
Ob du sie genommen hättest?

Ich hätte dich zum Altar geführt
Oder vor ihm auf dich gewartet
Nur um bis in alle Ewigkeit
An deiner Seite zu stehen.

Nun stehe ich wieder vor dir
Mit Worten der Entschuldigung
Auf den Lippen
Und der Gewissheit
Dass indem ich dir alles geben wollte
Dir die Luft zum Atmen nahm.

Neuanfang

Du warst wie der erste Sonnenstrahl am Morgen
Stiegst höher und höher
Bis du mein Leben mit bunten Farben
Und mein Herz mit Liebe fülltest.

Doch als sich die Wolken verdichteten
Und Blitze die Dunkelheit erfüllten
Haben wir uns aus den Augen verloren.

Nie habe ich mich mehr nach dir gesehnt
Als in deiner dunkelsten Stunde.

Ich wollte dir die Wolken vom Himmel reißen
Aber habe sie nur mehr und mehr verdichtet
Bis sie zwischen uns standen
Wie eine Mauer unausgesprochener Worte.

Allmählich lichten sie sich
Geben den Blick auf die Zukunft frei
Und als der erste Sonnenstrahl durch die Wolken bricht
Weiß ich, dass ein neuer Tag beginnt.

Zum ersten Mal

Bereits die ganze Woche
Habe ich mich gefreut
Dich wiederzusehen
Denn zum ersten Mal
Sehe ich nicht mehr
Unsere verlorene Zukunft
Sondern die schöne Zeit
Die wir miteinander teilten.

Glück

Ich wünsche dir alles Glück der Welt

Nur wäre ich gerne

Ein Teil davon geblieben.

Blicke nach vorn

Ich lasse sie hinter mir
Die Liebhaber einer Nacht
Die mir keine Erlösung brachten
Dafür aber die Erkenntnis
Dass ich nicht nur begehrt
Sondern geliebt werden möchte.

Ich lasse sie hinter mir
Die flüchtige Liebe im März
Deren junge Triebe emporkamen
Ohne den letzten Frost abzuwarten
Und deren Schmerz ich stillte
Indem ich ihn mir zu eigen machte.

Ich lasse sie hinter mir
Die Freundin aus purem Gold
Für die ich mein Leben gegeben hätte
Doch sie mich aus dem Ihren strich.

Ich blicke nach vorne
Zu den Freunden eines Jahrzehnts
Die mich aufgefangen haben
Als ich fremder Menschen Herzen flickte
Und mir dabei in den Finger stach.

Ich blicke nach vorn
Zu dem kleinen Mann
Der nun ein Teil des Fundaments ist
Das ich trotz aller Widrigkeiten
Immer mein zu Hause nennen darf.

Ich blicke nach vorn
Zu einer zukünftigen Gestalt
Gleich welchen Geschlechts
Die meine Hand hält
Ohne etwas anderes zu ersehnen
Als die bedingungslose Liebe
Die ich schon immer in meinem Herzen trug.

Zugabe

Ich dachte immer
Die Liebe wäre die Geschichte des Lebens
War zu lange auf der Suche
Nach dem Hauptdarsteller.

Ohne nach links und rechts zu sehen
Sah ich ihn in den Versprechen fremder Menschen
Und in der Gesellschaft vertrauter Gesichter.

Als ich schließlich meinen Blick weitete
Und den vorgefertigten Weg verließ
Sah ich all die Nebendarsteller
Die mein Leben erst ausmachen.

Ich begann mich zu fragen
Warum ich die Hauptrolle
Meiner Geschichte abgeben soll
Wenn ich allein
Über ihren Verlauf entscheiden kann?

Und plötzlich ist die Liebe nichts weiter
Als die Zugabe eines erfüllten Lebens.

A94

Lange Zeit fuhr ich auf der A94
Nur mit dem Blick nach vorn
Verfolgte den Horizont
Als wäre dies der Sinn des Lebens.

So übersah ich jedes Schlagloch
Und all die Fahrer hinter mir
Nur um mich zu fragen
Wie ich so weit gekommen bin?

Doch irgendwann musste ich tanken
Als mich die Ungewissheit der Straße
In die Knie zwang.

Nun den Blick nach vorn gerichtet
Fasste ich einen Entschluss:

Ich weiß nicht
Welche Ausfahrt ich nehme
Wann mein Auto zum Stehen kommt
Aber bis dahin
Lasse ich den Blick schweifen
Über die Perfektion der Gegenwart
Und jeden einzelnen Moment.

Flora

Meine Eltern haben die Saat gesät
Mir gezeigt, was es heißt
Geliebt zu werden.

Meine erste Liebe hat sie sprießen lassen
Mir gezeigt, was es heißt
Selbst zu lieben.

Und mit jedem Menschen den ich liebte
Begann mein Verständnis
Mehr und mehr zu knospen.

Waren die Zweige am Anfang noch brüchig
Werden sie mit jedem Bruch
Stärker und stärker.

Bis ich in den siebten Himmel wachse
Und jemand die zarte Blüte öffnet
Die ich bisher verschlossen hielt.

Der Bestseller

Ich bin das Buch mit dem schönen Einband
Bin ein Besteller, ging von Hand zu Hand.

Männer lieben mein Äußeres
Möchten mit ihren Fingern
Über meine Seiten fahren
Aber vermögen es nicht
Zwischen den Zeilen zu lesen.

Aber ich bin keine Trophäe
Die du dir ins Regal stellst
Ich bin die Geschichte eines Mannes
Mit der du abends einschläfst.

Ich kann die Männer nicht vergessen
Die mich nur kurz aufschlugen
Aber ich kann mich nur noch denen öffnen
Die mich auch zu Ende lesen möchten.

Schmetterling

Ich breite meine Flügel aus

Schaue ein letztes Mal nach Haus

Und fliege mit bunten Schwingen

In die Welt hinaus.

Ein Brief an die Liebe

Unsere Wege haben sich gekreuzt
Aber liefen nie zusammen
Unsere Begegnungen lehrten mir viel
Aber waren doch zu kurz
Unsere Zeit ist noch nicht gekommen
Aber sie wird es irgendwann.

Bis dahin
Schaue ich mit Nachsicht nach hinten
Und mit Zuversicht nach vorne
Während ich mit offenen Armen
Den Moment genießend
Auf dich warte.

Ein guter Wein

Als wir zusammen den Wein öffnen
Hast du mich vergessen lassen
Dass ich ihn eigentlich nicht mag.

Doch selbst der trockenste Tropfen
Wird zur süßesten Versuchung
Wenn ich mit dir zusammen bin.

Denn ich weiß,
Dass mit jedem Schluck
Der durch meine Kehle rinnt
Meine Kontrolle zu bröckeln beginnt.

Ich muss mich nicht betrinken

Um in deinen Augen zu versinken

Aber es hilft mir

All diejenigen zu vergessen

Die mich an der Liebe zweifeln ließen.

So bin ich voll bei dir,

Als wir die Flasche leeren

Um der Vergangenheit

Den Rücken zu kehren.

Zurück zu uns

Ich wollte immer zurück in die Vergangenheit
Um den Brief zu verbrennen
Den ich nie hätte abschicken dürfen.

Aber vielleicht mussten wir uns erst verlieren
Um uns wiederfinden zu können?

Goldene Blüte (2)

Unsere Freundschaft stand
Wie eine goldene Blüte
Dem dunklen Horizont entgegen
Stellte sich dem Regen und dem Sturm
Nur um sich ihnen letztlich zu beugen.

Aber auch wenn ihre Blüten zu Staub zerfielen
Blieben ihre Wurzeln erhalten
Denn sie reichen tiefer als gedacht
Trotzen selbst der kältesten Nacht
Nur um von Neuem zu erblühen
Sobald sich wieder die Sonne zeigt.

Vielleicht ist sie nicht mehr
So strahlend und golden wie zuvor
Sondern eisern und gezeichnet von Rost
Aber muss sie es denn sein?
Ist es nicht viel wichtiger
Dass sie von Neuem erblühte?

Lernen

Nie wieder

Auf der Suche nach der Liebe
Werde ich mit offenen Armen
Durch mein Leben gehen
Und nie wieder wartend
Auf der Stelle stehen.

Echo

Die Liebe ist wie ein Echo

Schickst du sie in die Welt hinaus

Kommt sie irgendwann zu dir zurück

Wieso suchst du dann nach ihr?

Vorsicht

Ich habe begonnen

Eine feine Schicht

Um mein Herz zu weben

Jeder kann es berühren

Aber nicht jedem

Gewähre ich Einlass.

Wahre Liebe?

Wir wissen, dass wir einen Menschen
Wirklich geliebt haben
Wenn wir ihm alles verzeihen
Ohne uns zu hinterfragen.

Wir begreifen unseren Fehler erst
Wenn wir auf die vergangenen Gefühle zurückblicken
Ich hoffe du warst derjenige der ging.

Nadel und Faden

Meine Lieben sind das Garn

Doch um die Wunden zu schließen

Muss ich es sein, der die Nadel führt

Meine Narben bleiben zurück

Um mich daran zu erinnern

Dass der Schmerz vergeht

Aber die Erkenntnis bleibt.

Rubbellos

Ich bin kein Rubbellos

Ich bin der Jackpot

Der noch nicht geknackt wurde.

Freunde

Es gibt Freunde

Deren Wert sich nicht

Aus der Anzahl an Tagen erschließen lässt

Die man miteinander verbringt

Sie sind trotzdem immer für einen da.

Sag was du denkst

Zu schweigen bedeutet
Denjenigen den Raum zu geben
Die ihre Stimmen erheben.

Doch zu reden bedeutet
Das Heft und sein Herz
Selbst in die Hand zu nehmen.

Deine Geschichte

Der Moment
In dem du beginnst
Deine eigene Geschichte zu erzählen
Ist der Moment
In dem du anfängst zu leben.

Du lernst
Den Wind aus den Segeln
Derer zu nehmen
Die meinten
Sie erzählen zu können.

Schritte

In Zeiten
In denen ich an die Schritte denke
Die ich noch zu gehen habe
Erinnere ich mich an jene
Die ich schon gegangen bin
Denn sie haben mich dorthin geführt
Wo ich heute stehe
Und zu dem Menschen gemacht
Der ich geworden bin.

Türsteher

Ich muss der Türsteher
Meines Lebens sein
Die richtigen Leute hineinlassen
Sodass die Party steigt
Und die falschen abweisen
Damit sich der Frieden
Nicht dem Ende neigt.

Wie Bücher

Beziehungen
Sind wie die Kapitel eines Buches
Sind sie auch
Von unterschiedlicher Dauer und Tiefe
Sind sie doch
Alle bedeutend für den Verlauf der Geschichte.

Frühlingsgefühle

Wenn die Kälte der Sonne weicht
Und die Erinnerung der Wirklichkeit
Kommen neue Blüten empor
Um mich vergessen zu lassen
Welche sich dem Frost ergaben.

Freundschaft (3)

Ich habe den Gärtner gespielt

Mein farbenfrohes Beet gepflegt

Bis es dauerhaft zu strahlen schien

Doch dabei vergessen

Dass sich einige meiner Blumen

Nach weniger Wasser sehnen.

Begegnungen

Jede Begegnung meines Lebens
Ist wie ein Puzzlestück
Unterschiedlich in Farbe und Form
Sind sie ein Teil des Ganzen
Es ist ständig im Wandel
Durch Verlust und Neubeginn.

Vergangene Beziehungen

Wenn wir an eine vergangene Beziehung zurückdenken

Denken wir zu häufig an den Moment

Als sie zerbrach

Und vergessen den Grund

Warum sie begann.

Leben

Du wirst Liebe erfahren

Und sie wieder verlieren

Doch am Ende lernen

Dass sich alle Jahre wieder

Die Blätter des Sommers

In Goldenes Licht tauchen.

Über den Autor:

Niklas Müller, geboren 1994 in Bad Berleburg, studierte Ernährungs- und Lebensmittelwissenschaften in Bonn. Seit seinem Studium ist er nebenberuflich als Model tätig. Das Dichten begann er schon in frühen Jahren in Form von Geburtstagskarten. In seinem ersten Gedichtband „Zurück zu mir und darüber hinaus" schreibt er über den Tod einer guten Freundin, seine Erfahrungen aus dem Modelbusiness und den Verlust junger Liebe.

Autorenfoto: Ela Rohwetter von Photo-Zander

Mehr zu Niklas Müller und den Geschichten hinter seinen Gedichten finden Sie unter:

https://www.instagram.com/iamniklasmueller/

https://www.facebook.com/iamniklasmueller

https://twitter.com/iamniklasmuller

ISBN 978-3-7531-2330-1
www.epubli.de

Printed in Great Britain
by Amazon

53478056R00092